保育者応援BOOKs

子ども理解 Q&A

編著●チャイルド社　監修●渡邊暢子

チャイルド社

JN034399

はじめに

子どもは一人ひとり違います。
保育者も一人ひとり違います。
だから保育は、おもしろいけれどむずかしいのです。
こんなときどうしたらいい？——保育の仕事を始めたばかりのみなさんはとくに、
毎日が悩んだり迷ったりの連続でしょう。

そこで本書では、
毎日の保育のなかで出会うことの多い「どうしたら？」を具体的にあげてみました。
そして、大人の都合ではなく、子どもの目線で考えることを大切に、
答えを用意してみました。

実際に直面している個々のケースに、
この答えがそのまま通用するわけではないでしょう。
しかし、保育の質を高めるために大切なのは、
保育者自身が自分で考えスキルをアップさせていくことです。
そのためのヒントのひとつとして、
本書を役立てていただければ幸いです。

チャイルド社　出版セミナー部

保育者応援BOOKS
子ども理解

CONTENTS

こころ

キーワード検索

キーワード	掲載ページ

- 毎日の保育で生まれる保育者のリアルな悩みを取り上げました。
- 悩みに対する直接的な回答だけではなく、保育に必要なスキルや、すぐに使える アイデアを紹介しています。

目次ページ（見開き）画像

気になるテーマや項目を選んで読むことができます。

キーワード検索ページ画像

保育の実践における保育者の悩みをテーマごとに配置しました。

保育にかかわるキーワードから検索できます。

現場のリアルな悩みを具体的に記しています。学年も参考にしてください。

本文見開き画像

Q1 登園をいやがる

入園して2か月経ちますが、毎朝、登園をいやがって保護者の方にしがみつき泣いています。保護者の方も心配しています。（3歳児クラス）

A 子どもが安心できるように 朝の受け入れ担当を決め、 徐々に信頼関係を築きます。

いろいろな人の目で 子どもを理解する

保護者の不安を 取り除く

「悩み」に対して、基本となる考え方や具体的な対応の仕方を紹介しています。

回答を捕捉する情報や、さらに必要なスキル、すぐに使えるアイデアを紹介しています。

Q1 登園をいやがる

こころ

入園して2か月経ちますが、毎朝、登園をいやがって保護者にしがみつき泣いています。保護者も心配しています。（3歳児クラス）

子どもが安心できるように朝の受け入れ担当を決め、徐々に信頼関係を築きます。

　入園してまだ2か月。初めての園生活ではよくみられる姿です。保護者との関係ができているからこそ、引き離されることに不安を感じているのでしょう。でも、それが表現できるのは慣れに向かって歩みが始まっているからと、よい方向でとらえましょう。

　そのうえで、子どもにとって園が安心できる場所になるように、たとえば朝の受け入れ時には、同じ保育者が対応します。そして、保育者を信頼できるように、言葉や態度で「○○くんのことを待っていたよ」などと伝えます。そうすることで子どもは安心感を得られて、少しずつ保育者や園に親しみをもつようになるでしょう。

　同時に、保護者も園を信頼して預けられるよう、お迎えの際には、朝の受け入れ後の子どもの様子や友だちとの遊びの様子などをていねいに伝えます。

いろいろな人の目で子どもを理解する

● 園内のいろいろな人の手を借りて、多様な見方で情報を集め、子どもの様子を総合的にとらえる。

保護者の不安を取り除く

● 保護者の不安が子どもを不安にする。保護者には「成長の通り道」と説明し、過度な不安をもたないように伝える。

おはよう
待ってたよ

今日は大好きな
粘土で遊ぶよ

Q2

こころ

保護者と離れられない5歳児

朝、「仕事だから」と言い聞かせる保護者をいつも涙目で見送ります。しばらくすると落ち着きますが、お迎えが少しでも遅れると泣いています。
（5歳児クラス）

5歳児なので、子ども自身にどのような気持ちなのか聞いてみましょう。

　園生活も長く環境には慣れているのにそのような姿がみられるのは、何か原因があるのでしょう。5歳児であれば気持ちを言葉で表せるかもしれないので、本人に直接聞いてみます。

　不安に思っていることや泣きたくなる気持ちなどを存分に話せる機会をつくったり、その子が安心できるかかわりを増やしていくことで少しずつ理由を話しだすかもしれません。

　また、子どもが家庭のなかに不安な要素を感じている場合もあります。子どもの園での様子を具体的に伝えるなど、保護者との信頼関係を築き、家庭にある事情を保護者の方が話せるようにしていきます。

さみしいという
気持ちに共感する

● 「ママが大好きなんだね」
「ずっと一緒にいたいよね」
と声をかけ、さみしいとい
う気持ちに共感する。

● 自分の気持ちをわかっても
らえたという安心感から少
しずつ気持ちがほぐれるこ
ともある。

ほかの子と比較する
言葉はNG

● 「もう誰も泣いていないよ」「○
○ちゃんだけ、おかしいね」な
どと言わない。

● 比較する言葉をかけられると、
自分の気持ちをわかってもらえ
ないと感じ、余計不安になる。

● 保護者にも、「ママがんばるか
ら○○ちゃんもがんばってね」
などと伝えてもらう。

ママが
大好きなんだね

別れ際だけ仲のよい
友だちの力を借りる

● 保護者と離れる瞬間や保育
室に入る瞬間に不安感が大
きくなる子には、仲のよい
友だちに声をかけてもらう。

● 一緒に部屋に入ることで解
決する場合もある。

Q3 特定の保育者に こだわる

こころ

0歳児から入園し園生活になじんでいましたが、担任の保育者が新入園児の世話で忙しくなった時期から急にメソメソするようになりました。
（2歳児クラス）

あなたのことを忘れていないよ というメッセージを発信し続けます。

　担任の保育者をこころのよりどころにして園生活を送っていたのでしょう。今まで自分のほうを向いていてくれた保育者が新入園児の世話でいないことが多いと気づきショックを感じるのは、成長してまわりの状況が見えるようになったからこその姿ともいえます。

　新入園児の対応をせざるを得ないときは、その子に「〇〇してくるね」とか「〜したら、これして遊ぼうね」などの声をかけて、そばを離れることを知らせます。そして、戻る約束をしたら必ず戻り、「待っていてくれてありがとう」と伝えましょう。待っていれば戻ってきてくれることがわかれば、子どもも安心して過ごせるようになります。

　また、「これするから一緒にお手伝いしてくれる？」と行動をともにするなどして、あなたのことを忘れていないよというメッセージを発信し続けるとよいでしょう。

プラス

ほかの保育者との
かかわりも大切にする

●特定の保育者へのこだわり
　が強い場合、可能な限りそ
　の保育者が対応を心がける
　一方で、ほかの保育者も遊
　びの場面などでかかわり、
　徐々にほかの保育者との関
　係を築いていく。

スキンシップを
心がける

●まだ2歳児なので、言葉だ
　けでは十分にメッセージが
　伝わらないことも。からだ
　に触れながら話すなど、ス
　キンシップを心がける。
●このような対応がほかの保
　育者にも広がるようにする。

少し待っててね
○○くんと帽子を
置いたら戻ってくるね

Q4

こころ

あやしても
笑わない

入園したての6か月の女児。とてもおとなしく、あやしても笑いません。保護者は初めての育児で、とくに疑問には感じていないようです。
（0歳児クラス）

A 初めての育児で余裕のない保護者に寄り添いながら、子どもとの楽しいかかわりを増やしていきます。

　6か月を過ぎた赤ちゃんは愛嬌がでてくるころです。情緒面での発達が緩やか、もしくは、あやされたりかまってもらう機会が少ないのかもしれません。

　保護者は初めての育児だと、子どもに笑顔を見せる余裕がないこともあります。保護者を責めず、育児の大変さに共感し、支えるようにしていきます。

　子どもに対しては、その子がまわりに向ける関心の様子を把握し、小さな表情の変化を見逃さず、保育者が表情豊かに話しかけたり、笑いかけるようにしていきます。園での生活のなかで、人とのかかわりを通して楽しく過ごせる経験を積み重ねることで、必ず変化があるはずです。

園での子どもの
姿を具体的に伝える

- 保護者が少しでも育児を楽しいと思えるように、園での子どもの姿や成長の様子を具体的に伝える。
- 写真などを使って伝えるのもよい。

子どもの変化が
親の変化に
つながる

- 保育者の働きかけにより、子どもが自分から笑いかけるようになるなど表情の変化がみられると、親も変化する。

保護者に子どもとの
遊び方を知らせる

- 簡単な手遊び、からだに触れる体操、絵本の読み聞かせなど、家庭でできる遊びを奨励する。
- 送迎の時間、おたより、園内の掲示などを利用して知らせる。

Q5 こころ

うまくできないと暴れる

ズボンをはく、タオルをフックにかけるなど、自分で
やろうとしていることがうまくできないと寝転がって
泣き叫びます。（1歳児クラス）

意欲のある子とプラスに受け止め、さりげなく手助けしていきましょう。

　自分でやってみたいという意欲や、いろいろなこと
に興味をもつ好奇心は大事にしたいところです。思う
ようにいかずに泣いたり暴れたりするのも、あきらめ
ずに取り組もうとしている姿として、プラスの視点で
受け止めましょう。

　うまくできずに泣くときは、「自分でやりたかった
んだね」「自分でやろうとしたけれど、うまくできな
かったんだね」とその子の気持ちを言葉にしながら落
ち着かせます。その後、「お手伝いしてもいい？」と
聞いてから一緒にやったり、やり方をていねいに伝え
たりしましょう。

　助けてもらいながらも自分でできたという達成感を
感じることが自信となり、次への意欲につながります。

プラス

気がすむまでチャレンジさせてみる

● 時間と安全が確保できるときは、本人の気がすむまでチャレンジさせてみてもよい。

援助の仕方を工夫する

● 子どもが自分でやりとげたい気持ちを大切にしたかかわりを心がける。
● つまずきと実力の間を埋める方法を考える。

例：フックにタオルがかけられない
　・フックの位置を下げる
　・手が届きやすいよう踏み台を用意する
　・かけるひもを持ちやすくする

代替案を出して、ほかに気を向ける

● 本人の力ではむずかしいことにこだわっている場合は、代替案を出す。

声かけの例
「代わりに〇〇しようか」
「〇〇はできないけど、××と▲▲ならきっとできるよ。どっちにする？」　など

自分ではこうとしているんだね

Q6 わざと
悪いことをする

こころ

花壇の花をむしったり、ゴミ箱をひっくり返したりなど、悪いとわかっていることをわざとやります。その後、必ず保育者の顔を見て反応を伺います。
（2歳児クラス）

自分に関心をもって！ のアピール。子どもが安心して甘えられる関係をつくりましょう。

　2歳児なので、わざと悪いことをしているのではありません。自分を見て！　注目して！　関心をもって！　という思いの表現が、大人から見れば悪いおこないになっているのです。

　自分に関心をもってほしいと子どもが保育者にアピールをしなくていい、安心してわがままや甘えを出せる関係をつくっていくことが大切です。

　そのためには保育者が子どもの気持ちに向き合い、一緒に遊んだり言葉を通したごっこ遊びなどのやり取りを楽しみながら、「先生大好き」と言われるようなかかわりをしていきます。

　こころを開放して心地よさを感じとっていく活動を大切にし、前向きな自己表現ができるようにしていきましょう。

子どもを否定したり、突き放したりしない

●子どもを否定する言葉をかけたり、うんざりした態度をとったり、無視したりなどしない。

NG表現の例
「そんなことをする子は嫌い！」
「もう知りません」
「勝手にしなさい！」　など

ゴミ箱を元に戻して一緒に遊ぼう

3歳児以上の "わざと悪いことをする子" への対応

もう少し年齢が上がり、悪いこととわかっていながらネガティブな行動をとる場合は、「こんなことをしても自分を受け入れてくれるのか」を試すための行動であることも。

やってよいことと悪いこととの区別ははっきりとつける必要があるので、「やめようね」と根気よく伝え続けることが大切です。

ただし、ダメと言うだけでは、愛情を確認したいと思っている子どもの不安感や不信感を取り去ることができません。だからこそ、どんな行動をとったとしても「私はあなたのことが大好き」ということを言葉や態度で示していきましょう。

Q7 こころ

思いどおりに ならないと泣く

友だち同士で遊んでいて、自分の思いがとおらない
場面があるとすぐに泣きます。友だちがあきらめて
譲ってくれるのを待っているようにみえます。
（3歳児クラス）

言葉で伝え合う経験を重ねながら、他者との折り合いのつけ方を学んでいきましょう。

　この子の育ちのなかで、泣くと自分の思いどおりに
なる状況がつくられ続けてきたのではないでしょうか。
その経験の積み重ねによって、泣くことを選択してい
るのかもしれません。

　また、友だちと遊ぶ経験が少なく、「貸して」「いいよ」
などのやり取りをする手立てがわからないということ
もあります。

　遊びのなかで、友だちとのやり取りの方法、言葉の
かけ方をていねいに伝え、泣くのではなく、言葉を通
して自分の思いをわかってもらえる経験を積み重ねら
れるよう、働きかけていきましょう。

プラス

子どもの気持ちを言葉にする

● 子どもの「こうしたい」という気持ちを保育者が言葉にして、「こんなふうに言ってみたら？」と提案する。

相手の気持ちにも気づかせる

● 「○○ちゃんはこうしたいんだって」と、相手にも「こうしたい」という気持ちがあることにも気づかせていく。

泣く理由を本人に聞く

● 「どこがいやだったの？」「じゃあ、どうなったらいいのかな？」などと問いかける。
● 自分の気持ちに気づかせたうえで、その気持ちを言葉にして相手に伝える次のステップにつなげる。

泣いても伝わらないことを知らせる

● 泣いただけでは相手にわからない、保育者にもわからないことをはっきり伝える。

自己主張が
できない

こころ

友だちに自分が使っている玩具を取られても、すべり台の順番待ちに横入りされても、何も言わずそのままです。（3歳児クラス）

その子に対してではなく、理不尽な行為をする子に声をかけることで、自分の気持ちに気づかせていきます。

　友だちにされるままにしている姿は、大人から見るともどかしく感じられるかもしれません。でも、この子自身はどのように感じているのでしょう。

　この子にとっては、困ったことではないのかもしれません。性格がおっとりしていて、取られたとか横入りされたという感覚がないこともあります。

　このような場合、この子に対してではなく、玩具を取ったり、横入りをする友だちに対して、「これは○○ちゃんが使っていたよ、いいのかな？」「順番は守ろうね」と伝えます。それによってこの子自身が「今、自分は（とられて）いやだと思っているんだ」ということに気づけることもあります。

　機会をみつけて、「取らないでねって言っていいんだよ」と伝えたり、ほかの子が友だちとどのようなやり取りをしているのか知らせてみるのもよいでしょう。

プラス

「いやだ」と言える ことがよい、という 思い込みを捨てる

- ものを取られたときに取り返 そうとすることや、怒りを表 現することだけが自己主張で はない。
- 取られたもので遊ばなくても、 ほかの遊びに切り替えて、友 だちと楽しく遊ぶことも選択 肢のひとつととらえる。

自分の気持ちを 言える友だち関係を 少しずつ広げていく

- 友だちとの関係ができて くると、少しずつ自分の 気持ちを言えるようにな る。

子どもの気持ちを 読み取る

- 言葉だけが表現の手段で はない。
- 表情やしぐさ、その後の 行動から、子どもの本当 の気持ちを読み取る。

発達段階のひとつと 理解する

- 周囲を観察し、自分のなか に経験をためている時期だ ととらえる。
- 時期がくると周囲へのかか わりにふみ出すこともある ので見守る。

Q9 こだわりが強い

こころ

ミニカーを並べて遊ぶのが好きで、いつも一人で黙々と取り組んでいます。順番にこだわりがあり、ほかの子がミニカーをさわると、怒って暴れます。（4歳児クラス）

A 観察し、記録をとりながら、ていねいにかかわる必要があります。

　4歳児で「いつも一人でいる」「順番にこだわる」などの姿を考えると、発達に課題がある子かもしれません。この子のこだわる場面や遊び方、友だちとの関係などをよく観察し、記録をとってみましょう。

　ほかの面で気になる部分が少ないのであれば、この子にとって今は、これがいちばん興味がある遊びなのでしょう。落ち着いて取り組めるスペースを用意するなど、できるだけ尊重していきます。満足するまで遊ぶことで、興味がほかに移ることもあります。

　様子をみながら、玩具をみんなで使う楽しさを伝えていくことも大切です。

プラス

遊びの環境を整える

- ほかの子も同じ玩具を使えるように、数を多く揃える。
- 同じ玩具で遊んでいるうちに遊びが交わり、一緒に遊べるようになる場合もある。

遊びを尊重する

- まわりの子に「今、○○くん、きれいに並べているんだって。終わるまで使うのは待っていてあげて」などと説明する。

かかわり方を相談する

- 発達が気になるときは園で情報を共有し、連携がとれるようにする。
- かかわり方や保護者との連携について、専門機関に相談する。

玩具を共有することも学べるようにする

- 同じ玩具でみんなで遊ぶ機会をつくり、一緒に使って楽しい経験を積むことで、玩具を共有することを学べるようにする。

Q-10

こころ

傷つきやすく すぐ涙ぐむ

友だちに少し強く言われただけで「○○ちゃんにいじわるされた」と涙ぐみます。（4歳児クラス）

繊細な子のよさを認め、励ましながら自信をもたせていきます。

　外界からの刺激に敏感な、繊細な子なのでしょう。こうした子は傷つきやすいけれど、人にやさしかったり、感受性が豊かな分、芸術的なセンスをもち合わせていたりなど、長所もたくさんあります。

　大きな声を出されたり、強く言われたりする経験が少なく、怒られている、いじわるされていると感じるようなので、まずは、「大きな声でびっくりするね」「怒ってるわけではないと思うよ」と伝えていきましょう。まわりの子に対しては「やさしく言ってもわかるからね」と伝えます。

　友だち関係が築けるように、ときには保育者が積極的な仲介役となって働きかけていきましょう。

プラス

保育者のそばで
気持ちを
落ち着かせる

●傷ついているときは、
気持ちが落ち着くま
で保育者がそばに寄
り添う。

泣かせた子に
相手の思いを考えさせる

●友だちを泣かせた子どもに対し
ては、「○○ちゃんが泣いてい
るよ。悲しかったのかな」「ど
んな言い方をすればよかったか
な」と考えさせる。
●自分が言われて平気な言葉でも、
相手によっては傷つく場合もあ
ることを知らせていく。

経験を積ませる

●遊びや人とのかかわりの
経験が偏っていたり、少
なかったりする場合、園
だからこその経験をたく
さん積ませることで、し
だいに友だち関係が築け
るようになる。

Q11

こころ

失敗すると
やりたがらない

給食の配膳で汁物をこぼしてしまったことがありました。その後「私にはできない」と言い、二度とやろうとしません。（5歳児クラス）

子どもが失敗したときには
大きな声を出さないなどの言動に
配慮しつつ、誰にでも
失敗があることを伝えていきます。

　失敗を極端に恐れるのは、過去の自分の失敗がトラウマになっているほか、家庭できちんとすることを求められているため緊張感が強い、といった理由が考えられます。

　誰にでも、間違ったり失敗をすることがあることを、この子だけでなくみんなに伝える機会をつくっていきます。また、子どもが何か失敗をしたときに、大きな声を出したり責めたりせず、子どもが緊張をほぐすことができるようにかかわります。

　必要な場合には保護者と面談をするなどして、この子にとって安心感のある環境のなかで過ごせるように働きかけます。

プラス

失敗より、挑戦を評価する言葉をかける

- ●「びっくりしたよね」と共感し、「けがはなかった？」などとその子を気にかける言葉をかける。
- ●「がんばった証だね」などと、挑戦したことを評価する言葉をかける。

再挑戦を強要しない

- ●失敗したとき、無理に再チャレンジさせようとしない。
- ●「じゃあ、先生と一緒にやろうか」「今日は運ぶ係になろうか」などと違うことに挑戦することから、少しずつ自信を取り戻していく。

失敗しても大丈夫だと伝える

- ●園生活のさまざまな場面で、「失敗しても大丈夫」ということを伝えていく。
- ●やり直すことは恥ずかしいことではないと伝える。
- ●「困ったことや不安なことがあったら言ってね」と伝え、いつでも寄り添うことを心がける。

Q12

こころ

すぐにおなかが痛いと言う

おなかが痛いと言うのでトイレに連れていきますが、おなかを壊している気配はありません。食欲もあります。（5歳児クラス）

子どもとの会話や家庭の話を聞き、原因を見極めて対処しましょう。

　まじめできちんとやらなければという思いが強かったり、緊張感が強かったりなど、腹痛は神経性のものかもしれません。

　まずは、どのような場面になると腹痛を訴えることが多いのかを把握します。そのうえで、事前に安心して行動できるように声をかけたり、そばに行ったりして、子どもが安心できるよう配慮しましょう。

　「何かいやなことがあるのかな？」などと聞いて、不安に思っていることなどが答えられれば、その不安が排除されて安心して園生活ができるように配慮します。

　子どもは、だるいときや、なんとなく調子がよくないときに「おなかが痛い」と表現することもあります。訴えが続くようなら家庭にも相談し、受診をすすめてみてもよいでしょう。

プラス

ストレスの原因を見極める

- 最近になって「おなかが痛い」と言い始めたのであれば、生活に変化があったかどうかなどを探ってみる。
- ５歳児であれば、子どもとの会話を通して何か気になっていることがないか聞いてみる。
- 家庭とも相談し、ストレスの原因を見極める。

おなかが痛いと言う気持ちに寄り添う

- 何が原因にせよ、おなかが痛いのは事実なので、その気持ちに寄り添い、ていねいにかかわる。

Q13 こころ

勝ち負けに こだわる

かけっこなどで負けると泣いて怒ったり、「あっちが先にスタートした」「ズルした」などと言い張ることがあります。（5歳児クラス）

子どもの気持ちに共感し 気持ちを理解してもらった安心感を 与えていきます。

　勝負にこだわる年齢です。相手に対して自分の感情が抑えられず、このような言動になります。「負ける＝ダメなこと」と思い込んでいる子どももいます。このように感じている子どもに「次、がんばろう」となだめても、なかなか気持ちの切り替えはつきません。

　子どもの勝ちたかったという気持ちを受容し、自分の思いを理解してもらった安心感をもたせることが大切です。そのうえで、「どうしたら勝てたかな？」と声をかけたり、グループでの話し合いを提案するなど、仲間意識を育てる働きかけをしましょう。

　仲間意識が育つなかで、速く走れる子、そうでもない子、勝ち負けにこだわっていない子など、いろいろな子がいることに気づいていきます。

気持ちを言語化する

- 「勝ちたかったね」「悔しいね」と、子どもの気持ちを言語化する。
- 自分の感情が言語化されることでこころが安定する。

相手の気持ちを想像させる

- 自分が勝つということは、友だちや先生が負けるということ。自分だけがずっと勝ったとしたら相手の気持ちはどうか、考えさせてみる。

前向きな考え方を示す

- 「すごくがんばっていてよかったよ！」「勝つためには、次は何をがんばったらいいかな？」などと、次に向かう考え方を示す。
- ゲームは結果だけでなく、その経過も楽しいことに気づかせる。

負けて悔しかったんだね

言語化

気持ちの共感 → 安心 → 感情を言葉に

Q14

こころ

きょうだいが
生まれて不安定に

下の子が生まれてから登園をいやがるようになり、園でも遊ばず、ずっとふさぎ込んでいます。家で母親が妹と過ごしていることが不満なようです。
（4歳児クラス）

保護者と相談し、「あなたのことも大事だよ」というメッセージを送ってもらうよう働きかけましょう。

　4歳までひとりっ子として大事に家庭の中心で育てられてきたのが、新しい命に大人の目がいっている現実は、お兄ちゃん（お姉ちゃん）になったと頭ではわかっても受け入れられない気持ちになるのは当然です。

　保護者に園での様子を伝えながら相談し、「あなたのことも大事だよ」というメッセージを送ってもらうように働きかけましょう。赤ちゃんが寝ているときに、ギューッと抱きしめたり、抱っこをしたり、膝にのせて話をするなど、スキンシップを多くとることをすすめます。

　また、きょうだいの関係性を築くために、おむつを持ってきてもらうなど、上の子としてできる手伝いを頼み、「ありがとう。助かる！」「お兄ちゃん、ありがとうって言ってるよ」などの言葉を添えてもらうのもよいでしょう。

プラス

赤ちゃんの様子を
聞いてみる

●弟（妹）の様子を聞いた
り、「赤ちゃんのことで
何かやってあげたりして
いるの？」などと聞いて、
ライバルではなく、お世
話をしてあげる対象に感
じられるようにする。

上の子と2人の時間を
もつことを保護者に
提案する

●赤ちゃんがハイハイを始めて、
目も手も離せなくなってもっと
大変になる前に、上の子との関
係をしっかりつくっておく必要
性を伝える。
●父親に下の子を見てもらい上の
子と出かけるなど、2人の時間
をつくることを提案する。

クラスのみんなで
赤ちゃん時代を
振り返る

●クラス全員の、それぞれの
赤ちゃん時代の写真を持っ
てきてもらい、みんなで赤
ちゃん時代を振り返る。
●自分も大事にされていたこ
とを確認する。

Q.15

こころ

奇妙な遊びを
くり返す

入園したばかりの子。友だちとかかわろうとせず、いつも一人で紙をひらひらさせて遊んでいます。障害の可能性もあると思われますが、保護者に伝えてもよいでしょうか。（3歳児クラス）

保護者が子育てで
心配していることや
困っていることがないか
聞いてみましょう。

　入園したばかりという環境の変化によるストレスから、このような行動をとっているのかもしれません。園での子どもの様子を観察するとともに、保護者がこの子のことをどう見ているのか、子育てで心配していることや困っていることはないのかを聞いてみます。

　そのうえで、障害の可能性を感じる場合、保護者に園での子どもの様子を実際にみてもらう機会をつくり、保護者自身が子どもの違和感に気づいたうえで、相談機関に行くことを話すようにします。

　障害かどうかの判断をするのは園ではありません。「障害の疑いがある」などの言葉は使わないように十分注意します。

その子が困っていると伝える

● 「園として困っている」「保育者が困っている」ではなく、その子が困っていると伝える。

○

〇〇ちゃんが
困っているのではと
心配しています

✕

クラスの活動が
止まるので困ります

子どもの様子の観察ポイント

同じ遊びをくり返すなど、障害の可能性を感じた場合、ほかにも下記のような観点で子どもの様子を観察してみましょう。そのうえで対応の方法を考えます。

・話しかけられているときに視線が合わない
・大きな音やにぎやかな環境が苦手
・言葉がでない
・ひとり言が多かったり、オウム返しのような受け答えをする
・集団行動が苦手

Q16

こころ

死が理解
できない

クラスで飼っているうさぎが死んでしまいました。「また新しいのを買えばいい」と言った子に、どう対応していいかわかりません。（4歳児クラス）

保育者が感じていることをそのまま伝えることで、子どもなりに理解していきます。

　実感として死を理解できるかどうかは、個人差が大きい時期だと思います。

　ＴＶなどで傷つけ合ったり殺し合うような場面を日常的に見る機会があり、死を気軽に考えている子、身近な人が亡くなりまわりの大人が涙を流して悲しんでいる姿を見たことで死の意味を考える機会があった子など、子どもの状況や経験などによっても理解の度合いは違ってくるでしょう。

　うさぎの死をきっかけに、クラスで命について考えたり、命についての絵本を読むなどして、話題にしていきましょう。保育者自身がうさぎを飼っていることをどう考えていたのか、死をどうとらえたのかも子どもたちに伝えていきます。

　このような経験のなかで、子どもなりに死を理解していきます。

 プラス

保育者の思いを言葉にしたりお墓をつくるなど、言動で伝える

- 「一緒に遊べなくてさみしいね」「いなくなって悲しいね」などと保育者が感じていることを伝える。
- お墓や仏壇をつくったり、花を供えたりして、子どもなりに死を理解できるようにする。

いなくなって悲しいね

生き物の飼い方を見直す

- 死んだ原因を考え、飼い方を見直すなどの姿勢を見せることも大切。

命について考えるきっかけになる絵本

『わすれられないおくりもの』
（大型本）
スーザン・バーレイ／作・絵　小川仁央／訳　評論社
森の大切な仲間のアナグマが、1通の手紙を残して死んでしまいます。悲しみにくれる動物たちがアナグマの思い出を語り合うなかで気づいたこととは……。

『ずーっとずっとだいすきだよ』
ハンス・ウィルヘルム／作・絵　久山太市／訳　評論社
大好きな犬のエルフィーに毎晩、「ずっとだいすきだよ」と伝えていた「ぼく」。ある朝エルフィーは死んでしまったけれど……。——愛する者との死別について考えさせられる絵本です。

Q17

こころ

男女のからだの違いに興味津々

トイレなどで女の子がおしっこをする姿を見て、自分（男の子）とのからだの違いに気づいたようです。それ以来、乳児クラスのおむつ換えをのぞいたり、女の子のスカートをめくろうとします。
（3歳児クラス）

A 過剰な反応をせず、子どもの興味をほかに広げる活動を考えていきます。

　男女の違いに気づくことは必ずあるので、おかしいとか早すぎるのではなどと過剰な反応をしないようにします。

　おむつ交換をのぞく行動については、そもそもおむつ交換をする場はプライベートゾーンが見えないように配慮する必要があるので、クラスや園全体で考えて対応していきます。

　スカートめくりについては、「そこは大事なところだから見えないようにしているんだよ」などと話すとともに、この子の興味をほかに広げるための保育を考えます。

　楽しいこと、興味があることが広がれば、そこに興味が固執することもないでしょう。

プライベートゾーンについて伝える

● 水着を着たときに隠れる場所や口は、見ようとしたり見せたりしてはいけない大切な場所だと伝える。

性教育を助ける絵本

『ぼくのはなし』
山本直英／監修　和歌山静子／作
童心社

『わたしのはなし』
山本直英／監修
山本直英・和歌山静子／作
童心社

自分のからだを自分で守ることはとても大事なことだと伝える、親と一緒に読んでほしい性教育の絵本です。

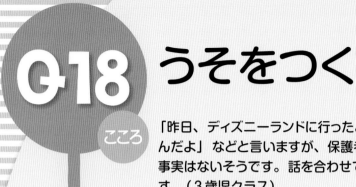

Q18 こころ

うそをつく

「昨日、ディズニーランドに行ったよ」「犬を飼ったんだよ」などと言いますが、保護者に聞くとそんな事実はないそうです。話を合わせていいのか悩みます。（３歳児クラス）

イメージの世界で遊ぶことができる貴重な時期。
保育者も一緒に真面目に、
子どもの世界で遊びましょう。

　２〜３歳くらいはイメージの世界で遊ぶことができる年齢です。本当には経験していなくても、「やりたいな」「なりたいな」という思いの世界で遊ぶことができるのです。そして、思いの世界と現実の世界との境界線が低いので、いつのまにか両方が混じり合ってつくり話になります。

　なので、「うそでしょ」と子どもをたしなめたり、「本当はこうだよね」などと真実を突きつける必要はありません。子どもの話に合わせるだけでなく、保育者も一緒に真面目に、子どもの世界で遊んでみてください。

　自分のやったことを人のせいにするなど、明らかなうそをつくときもあります。この年齢のうそは悪意からではなく、興味があってのことだったり、怒られたくないからといった理由がほとんどです。

　うそに関する絵本や紙芝居を活用してもいいですね。

プラス

イメージの世界を大切にする

● この時期のごっこ遊びがおもしろく発展したり、広がるのは、イメージの世界をもっている時期だと認識する。

● 子どもの話を否定せず「そうだったらおもしろいね」と、子どもの世界を大切にしたかかわりを心がける。

「うそ」をテーマにした絵本

『うそ』
中川ひろたか／作　ミロコマチコ／絵
金の星社

うそをつくのはよくないこと。でも、人を喜ばすうそもある？　うそを見つめ、うそを深く考える絵本。

『うそついちゃったねずみくん』
なかえよしを／作　上野紀子／絵
ポプラ社

うそをついて「しまった」とばつが悪くなる気持ちや「悪かったなあ」という気持ちを描いた絵本。

Q19 からだ

うつ伏せを
いやがり
ハイハイしない

0歳9か月。座ったままお尻で移動します。ハイハイをさせたほうがよいと思い、うつ伏せにしてみますがいやがって大泣きします。（0歳児クラス）

うつ伏せに慣れることから始め、
少しずつハイハイを
促してみましょう。

　ハイハイは、歩行に大事な背筋を育てたり、肩より腕が前に出ることで転んだときに手が前に出て顔面を守ることができるからだをつくるために大切です。発達には個人差もあるので、その子の発達の姿を見守りながら、できるだけハイハイが経験できるようにします。

　座位で移動することを覚えてしまったのでなかなか大変ですが、目の前に好きな玩具を置いてうつ伏せにする、泣いたら止める、泣いても少し時間を延ばすなどをくり返します。

　そのうちうつ伏せの状態にも慣れ、目の前にある気に入った玩具を取りたいという気持ちが芽生えてきたり、寝返りもできるようになるので、ハイハイやからだを動かす楽しさが体験できるよう誘いかけてみましょう。

プラス

足指や足裏を鍛える

- ハイハイをしない子は、足指や足裏の筋肉が育っていないことが多い。
- 足指をマッサージしたり、足裏をタッチして蹴る動作を促すなど、筋肉を鍛える。

ハイハイにつながるからだをつくる

- うたいながら股関節を持って動かしたり、向かい合って座り、子どもの両手を持ってそっとゆらゆらするなど、ふれあい遊びをする。

Q20

からだ

歩き始めが遅い

1歳半になりますが、歩きません。保護者も心配しているようです。どう対応したらよいでしょう。
（0歳児クラス）

歩かない以外のからだの機能的な部分で何か問題はないか、様々な角度から子どもの姿をとらえてみましょう。

　歩かない以外のからだの機能的な部分で、ほかに何か問題を感じていますか。次のような場面での子どもの姿をとらえてみましょう。

・ハイハイはできますか？

・座位は安定していますか？

・わきの下を両手で支えて、床や保育者の膝に足がつくようにしたときに、蹴るような仕草はしますか？

・つかまり立ちはしますか？

・安定して立っていますか？

・おむつの交換するときに股関節の開きは硬いですか？

・ふくらはぎが上半身に比べ細いですか？

・筋力がないように感じますか？

　このような場面でも違和感を感じるようであれば、保護者も心配しているようなので、まずは1歳半健診などで相談してみることをすすめてみましょう。

保護者へは、かかりつけ医の有無を聞いてみる

● 健診後でなお不安な場合、保護者に、まずはかかりつけ医に相談したことがあるかを聞く。
● 「かかりつけのお医者さんはありますか?」「まだ歩き始めないことを相談したことはありますか?」などと聞いてみる。

歩き始めまでの発達の目安

あくまでも目安ですが、保育者として発達の段階を把握しておきます。

〈6か月未満〉
・首がすわる。
・手足の動きが活発になる。
・寝返り、腹ばいをする。

〈6か月〜1歳3か月〉
・座る、はう、立つ、つたい歩きなどの動きをする。
・腕や手先を意図的に動かす。
・様々な物に手を伸ばし、次第に両手に物を持って打ちつけたり、たたき合わせたりする。

〈1歳3か月〜2歳〉
・歩く、押す、つまむ、めくるなど様々な運動機能が発達する。
・一人歩きをくり返すなかで、脚力やバランス力が身につく。
・歩くことが安定すると、自由に手が使えるようになる。

Q21

からだ

歩行が安定せず すぐに転ぶ

1歳で歩き始めましたが、2歳になっても歩行が安定せず、よく転びます。外で遊ぶことはあまり好きでないようです。（1歳児クラス）

戸外で遊ぶ活動を積極的に 取り入れるほか、 保護者にも外遊びの大切さを 伝えていきましょう。

からだの機能面で心配な様子がないか確認します。足の機能だけでなく、視力や半規管などの問題が隠れていることもあります。それがない場合は、日常の生活のなかで歩く機会が少ないのではないでしょうか。

園では戸外で遊ぶ活動を積極的に取り入れ、からだを動かすなかでバランスよく歩くことができるように働きかけていきます。

保護者には、家庭での様子を聞き、よく転ぶことに気づいているか、心配しているかどうかを会話のなかで確かめます。そのうえで、たっぷり外で遊ぶことで自分でからだのバランスがとれるようになり、転ぶことが少なくなることを伝えていきましょう。

室内でもからだを動かす遊びを取り入れる

●マット、布団などで山や段差をつくったり、巧技台やはしご、トンネルなどでサーキットをつくったりする。

散歩を工夫する

●坂道や凸凹のある場所へ散歩に行く。
●いろいろな場所を歩くことで、からだのバランスがとれるようになる。

正しい靴の選び方

すぐに転んでしまう場合、靴が合っていないのかもしれません。保護者とも情報を共有し、正しい靴選びを確認しましょう。

①かかとまわりが硬い
　かかとがしっかり固定され、安定してまっすぐ立てる。

②靴底が平らで、適度に曲げやすい
　足や足首がダイナミックに動かせる。

③甲にマジックベルトがある
　足が固定できる。

Q22

からだ

指しゃぶりが
治らない

乳児のころからの指しゃぶりが2歳後半になっても
治りません。家庭では寝るときにおしゃぶりを使っ
ているそうです。（2歳児クラス）

指をしゃぶることを忘れるほど
楽しく遊ぶ機会をつくりましょう。

　口の中に指を入れることが習慣になっていたり、何
をして遊んでいいのかわからないなど、子どもにとっ
て不安感や欲求不満があるときに、こころの安定を求
めて「おしゃぶり」や「指しゃぶり」や「つめかみ」を
するといわれます。

　保育者も保護者も指しゃぶりをやめさせることにこ
だわっていませんか。大人の思いがプレッシャーと
なって、余計にやめられなくなる場合もあります。

　とはいえ、あまり長く続いていると歯並びに影響が
出ることもあるので、気になりますね。

　園では、保育者と一緒に玩具で遊んだり、友だちと
やり取りの楽しさを経験できるように仲をとりもった
りして、指をしゃぶることを忘れるほど楽しく遊ぶ機
会をつくりましょう。

指しゃぶりをををする
機会を減らす

- 何げなく手をつないで次の遊びを探したり、手遊びに誘う。
- 指しゃぶりをしながら入眠したときには、ぐっすり眠ってからそっと指を口から外して、口に指が入っている状態を減らす。

スキンシップを
楽しみ、
心の安定をはかる

- じゃれ合い遊びなどスキンシップをたくさんとるように心がける。

積み木で遊ぼうか

「おしゃぶり」「指しゃぶり」を気にしている
保護者へのアドバイス

家庭で寝るときにおしゃぶりが離せない、必ず指しゃぶりをするといったことが気になっている保護者へ、無理にやめさせようとすると、かえってこだわりが強くなることを伝えます。まずは、子どもが納得したら、おしゃぶりを一緒に捨てるなどして、手をつないだり、眠るまでそばにいてお話をするなどして安心させるとよいことを伝えていきましょう。

Q23

からだ

落ち着いて座っていられない

朝の会など集団で座って話を聞く場面で落ち着かず、足をブラブラさせたり、椅子をガタガタ鳴らしたりします。注意して一旦はやめても、またくり返します。（3歳児クラス）

集団で話をする場や進め方を見直し、子どもが話を聞きたくなる工夫をすることが大切です。

　からだを動かすことが好きでじっとしている経験が少ないのか、集団で話を聞くということにまだ慣れていないのか。あるいは3歳児でまだ集団生活に入ったばかりなら、全員に対しての呼びかけが自分にも話しかけられているという認識がなく、話を聞く意識がもてないということもあります。

　いずれにしても、静かに座るように注意することや、話を聞くように注意することをくり返すのではなく、集団で座って話をする環境、話し方や進め方を見直すことが大切です。

　話を聞きたくなる、おもしろそうだなと思えるよう工夫し、短い時間から始めていくと、気が散らずしっかりと話が聞けるようになるかもしれません。

プラス

みんなの顔が見えるようにする

●朝の会などでは机を外し、丸く輪になってみんなの顔が見えるようにする。

物を活用しながら話をする

●話を短くし、わかる言葉を使うようにする。
●言葉だけで伝えようとせず、物を使ってわかりやすくしてみる。

・製作の説明では、これから作るものを見せる
・からだを動かす活動の説明は、使う道具を見せる

子どもの出番をつくる

●子どもが前に出たり、役割を担ったりする場面をつくる。
●自分の出番があることがうれしくて、集中できることもある。

Q.24 自慰行為をする

からだ

机の角に股を押しつけている姿をときどき目にします。さりげなくほかの遊びに誘っていますが、なかなかやめないときもあります。（3歳児クラス）

否定したり、無理にやめさせたりするのではなく、ほかに興味が向くようにタイミングをとらえて声をかけていきましょう。

　かゆかったりしてたまたま手を触れたなど、何かちょっとしたことがきっかけで始まりますが、癖にならない配慮が必要です。さりげなくほかの遊びに誘うというかかわり方はよいと思います。

　なかなかやめないときには、抱きあげて「一緒にこれしようか？」「何して遊ぼうか？」など、次の行動に移るきっかけができるようにかかわります。

　からだを動かして遊ぶ時間を増やすなど保育活動自体を工夫して意識がそちらに向かないようにするほか、午睡の入眠時にはそばについて安心させていきましょう。

行為をやめるよう
注意しない

● この年齢では耳たぶや鼻をさわるくせと同じ緊張したときの代償行為で、精神的な安定感を得たり、単に気持ちがいいからさわっているだけである。

● 行為に意識が向くと癖になることがあるので、注意しない。

こころとからだが
成長するうえで
しぜんな行為と理解する

● 自慰行為は、心理学的には自我形成に重要な役割を果たし、自分が一人の人間であることを確認する行為といわれる。

● 子どもの性格に合わせた対応を心がけることが大事。

何して
遊ぼうか?

何か
ストレスが
あるのかな

性教育を考えるきっかけにする

年齢に応じた正しい性の知識を子どもたちに伝えるために、性教育をおこなっている園もあります。プライベートゾーンの話やユネスコの性教育ガイダンスを参考にするなど、職員同士で話し合う機会をつくりましょう。

二語文が
なかなか出ない

ことば

2歳2か月の男の子。「ママ」「まんま」などと単語は話しますが、なかなか二語文が出ません。
（1歳児クラス）

子どもの姿を観察したうえで、言葉の発達を促す働きかけをします。

　言葉を出す前にまわりが察してくれて困らない環境があるために、話す必要がないままきている可能性があります。2歳2か月であれば、まだそんなに心配することはありませんが、二語文が出ていないことが少し気になります。

　遊びの様子はどうでしょうか？　友だちのまねをして遊ぼうとする姿はありますか？　話しかけたことに対して理解して行動していますか？

　これらの姿をよく観察してみてください。そのうえで、子どもの言葉の発達を促す働きかけを工夫していきましょう。

　それでも言葉の発達が気になるようであれば、3歳児健診の時期をみはからって、保護者に相談をしてみることを伝えてはと思います。

具体的なものと行動を結びつけて話しかける

●具体的にものや行動と結びつけた言葉をわかりやすくはっきりと伝える。

・絵本を示して、「この本を読もうね」
・花を指さして、「お花が咲いているね」

子どもの言葉に続く言葉を重ねて話す

●子どもが単語を発したら、子どもの気持ちを言語化するように単語に続く言葉を重ねて話す。

・子どもが「ねこ」と言ったら、保育者が「ねこ、かわいいね」
・子どもが「いちご」と言ったら、「いちご、おいしいね」

個別に話しかける

●この子個人に対して話しかけるようにする。

家庭に協力を求める

●家庭でも大いに言葉を使うようお願いする。
●具体的にどのような働きかけをするといいのかを伝える。

子どもが何か要求してきたとき「○○をしてほしいのかな?」「○○がしたいのかな?」などと声をかける

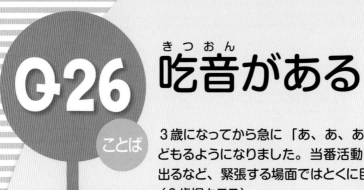

Q26

ことば

吃音がある

3歳になってから急に「あ、あ、あした…」などとどもるようになりました。当番活動で友だちの前に出るなど、緊張する場面ではとくに目立ちます。
（3歳児クラス）

保育活動を見直し、緊張する場面をなるべくつくらないようにします。

　3歳児になると自分の存在が客観的に見えるようになり、これまでできていたことでも不安になることがあります。緊張するとこの症状が目立つということは、この子にとって、みんなの前で話すことが相当のプレッシャーになっていると思われます。

　吃音が習慣にならないようにするために、なるべくそのような場面をつくらないようにします。当番活動も順番を決めずにやりたい子がやるようにする、何かを話す場面では誰かと一緒に言えるようにするなど、安心して話すことができるように活動の内容を工夫してみましょう。

　また、子どもの言葉が聞き取りにくくても、何度も聞き返したり、言い直させたりしないように気をつけます。

プラス

吃音を気にさせないかかわりをする

● どもったときでも表情や対応を変えない。
● 予測して言葉を先取りせず、言い終わるまで待つ。

子どもの緊張感をやわらげる

● さりげなく背中に手を添えるなどして、子どもの緊張をやわらげる配慮をする。

吃音とは

吃音は言葉がスムーズに出ない発話障害のひとつで、以下が、特徴的な症状です。

・音を連続させる　（例）「き、き、きのう」
・最初の音がのびる　（例）「きぃーーのう」
・言葉がなかなか出ない、途切れる

2～6歳ころに発症することが多く、ゆっくり対応することで7、8割はしぜんに治るといわれます。ただし、吃音の程度が強かったり、長引いたりしているときは、専門的な治療が必要になります。

Q27

ことば

言葉が
おうむ返し

「パパと保育園に来たの?」「パパと保育園に来たの」
「今日は雨だからお部屋で遊ぼう」「お部屋で遊ぼ
う」など、返事が常におうむ返しなのが気になります。
(3歳児クラス)

子どもの様子をよく観察し、
かかわり方や言葉のかけ方を
職員間でよく話し合いましょう。

　遊びの様子はどうでしょうか。一人遊びが多いです
か?　友だちとかかわっている姿はありますか?　ま
わりとのかかわり方はどうでしょうか。言葉のやり取
りはみられますか?

　子どもの姿をよく観察し、活動中のかかわり方や言
葉のかけ方などを職員間で話し合って、対応を工夫し
ましょう。

　そのうえで、返答の仕方に変化がみられない場合、
3歳児ということも考慮すると、発達に課題がある可
能性があります。

　保護者にどう伝えるか、専門機関とどのように連携
していくか、園長も含めた話し合いをおこない、園の
方針を決めて対応していきます。

選択して答えられる問いかけをする

●会話のなかで選択して答えられる問いかけをして、会話をひろげられるようにする。

「今日はパパと来たの？ママと来たの？」
「パパと、自転車で来たの？バスで来たの？」

絵本を活用して言葉の経験を広げる

●対象年齢が子どもの年齢よりも下の絵本（0～2歳児向け）を選ぶ。
●擬音・擬態語を楽しんだり、二語文がよく出てくる絵本を選ぶ。

擬音・擬態語、2語文がよく出てくる絵本

『もこ もこもこ』
谷川俊太郎／作　元永定正／絵
文研出版

出てくる言葉は「もこ」「にょき」「ぽろり」などと擬音ばかり。不思議でおかしな世界に引き込まれる一冊。

『じゃあじゃあびりびり』
まついのりこ／作・絵
偕成社

「じどうしゃ　ぶーぶーぶーぶー」「いぬ　わん わん わんわん」「みず　じゃあ じゃあ じゃあ」。子どもの身のまわりにあるたくさんの音でいっぱいです。

『だるまさんが』
かがくいひろし／作
ブロンズ新社

だるまさんがどてっと転んだり、ぷしゅーっとぺっちゃんこになったり……。ユーモラスな動きと言葉が楽しい絵本です。

65

Q28

ことば

園ではひと言も話さない

友だちとも保育者とも、園ではひと言も話しません。
家庭では普通に会話をしているそうです。
（4歳児クラス）

無理に話させようとせず、話さなくても子ども同士交流ができる工夫をしましょう。

　家庭では話せるのに園や学校など特定の場面だけ話せなくなってしまう「場面緘黙症」（ばめんかんもくしょう）という症状があります。幼少期に発症することの多い不安症状のひとつといわれています。もしかしたらそれに当てはまるのかもしれません。

　わざと話さないのでもなく、人見知りや恥ずかしがりとも違い、話せない症状が何か月も続くといわれています。環境の変化によって不安が高まったり、クラスでの先生の叱責やいじめがきっかけとなることもあります。おとなしい子どもが多く、目立つ行動がないので見過ごされがちです。

　また、家庭では話すので保護者も気づきにくいです。対応について、いちど児童心理の専門家に相談するのがよいでしょう。

プラス

安心できる環境を用意する

●話せないことを責めない、話すことを急かせない。

子どもの表情や目の動きをとらえる

●子どもは伝えたいことを表情などで発している。
●様子をよく見て、表情や目の動きで何か伝えたそうにしていたら、「〇〇したいのかな？」などと言葉で応答する。

その子にできるやり方を示す

●名前を呼ばれたら手をあげるようにするなど、その子にできるやり方を一緒に考える。

答えが返ってこなくても話しかける

●ほかの子と同じように対応し、答えが返ってこなくても話しかける。
●さりげなく遊びに誘い、一緒に楽しいことをする。

Q.29

ことば

文字に興味を示さない

クラスの子のほとんどが自分の名前くらいは書けるようになりました。なかに数人だけ文字にまったく興味を示さない子がいます。（5歳児クラス）

まずは話し言葉を大切に、文字に興味がもてる環境をつくっていきましょう。

　5歳児でもうすぐ小学校に上がるという時期、多くの子どもがひらがなを書けるなか、まだ書けない子がいると気になりますね。自分の名前くらいはと思うでしょうが、ひらがなには50音あり、むずかしい字ばかりを書かなければならない子もいることを理解しておきましょう。

　そのうえで、子どもが文字に興味をもつことができる環境、書いてみたいと思ったときにはそれができる環境を用意しておきます。

　自分が思ったことを存分に話せたり、意見を発表できたりする経験を積み重ねることが大切です。

プラス

自分の名前が
わかるか確認する

● まず、文字の形が見分け
られるかを確認する。
● ロッカーやタオルかけな
どに書いてある自分の名
前がわかるかどうかを確
認してみる。

文字に興味をもつ
きっかけをつくる

● 散歩の途中の看板で、そ
れぞれ自分の名前の文字
を探す。
● 車のナンバープレートの
文字をみんなで読み合っ
たりする。

文字を書くことに
興味がもてる環境をつくる

● 絵の名前を書いて貼ったり、いつで
も絵本を読めるコーナーをつくる。
● 書き順の入った文字カードを用意し
たり、いつでも書くことができる環
境をつくる。
● 子どもが書き順を聞いてきたら正し
くていねいに伝えるなど、興味に応
じた対応をする。

言葉遊びを取り
入れる

● 文字を書くことだけにこ
だわらず、言葉遊びなど、
言葉の楽しさに気づく経
験をさせる。
● 語彙が増えるとともに、
文字に関心をもつきっか
けにする。

Q30

かかわり

かんだり
ひっかいたりする

足がぶつかった、自分が使っているおもちゃを使おうとしたなど些細なことで腹を立て、友だちをかんだり、ひっかいたりしようとします。（2歳児クラス）

自分の世界に踏み込まれたくない
という子どもの気持ちを
尊重していきます。

　2歳児は自我を形成する時期です。自分の世界があり、そこに踏み込まれることをとてもいやがります。

　この時期は、自分の世界を豊かにつくってこそ他者の世界を理解することができるようになるので、子どもの世界を大切にしましょう。

　保育者は、「入っていいですか」「入れて」「これ使っていいですか」「〇〇ちゃんが使いたいと言っているので貸してください」などと、子どもの気持ちを尊重したかかわりをします。

　このような対応を通して、自分が大切にされていることに気づけると、ほかの子との関係も少しずつ変わっていくでしょう。

　ただし、相手を傷つけることはよいことではないので、子ども同士の関係をよく観察し、そこに至らないよう保育することも大切です。

遊びのエリアを分ける

- ●子どもそれぞれが自分の世界を大切にしながら遊べるように、遊びのエリアを分ける。
- ●「からだを動かして遊ぶ場所」と「静かに落ち着いて遊ぶ場所」を分ける。

からだをぎゅっと抱きしめる

- ●友だちに乱暴なことをしそうなときは、手が出る前にその子を抱きしめて気持ちを落ち着かせる。
- ●手を出してしまったときは抱きしめて止め、「先生は悲しいよ」と保育者の思いを言葉で伝える。

傷つけられた子の保護者の気持ちに配慮する

- ●傷つけられた子の保護者がショックを受けるのは当然だと心得る。
- ●状況を説明し、園内で起こってしまったことは園の責任として頭を下げる。

遊びのコーナーづくりの工夫

遊びのエリアを分けたとき、「静かに落ち着いて遊ぶ場所」には、絵本コーナー、ままごとコーナー、ブロックコーナー、お絵かきコーナーなど、遊びの種類ごとにコーナーをつくります。

ままごとコーナーなどの小物や玩具は、実態に応じて配置する数量を考えます。新しいもの、興味をもちそうなもの、人気があるものは1つだけにならないようにします。

Q31

かかわり

友だちのお世話ばかりする

世話好きな女の子で、クラスで早生まれでからだが小さい友だちの身のまわりの世話をすべてやってしまいます。その子はいつもされるがままでいます。（3歳児クラス）

大人と同じように、友だちの世話をしたい時期。
いやがる様子がなければ、
そのまま見守ります。

　3歳ごろは、自分が大人にやってもらったことや見ていて気になったことなどを再現して遊ぶ「ごっこ遊び」が盛んになる時期です。

　その子から見ると、友だちは何かしてあげたくなる存在なのでしょう。それで、大人が世話をするのと同じように世話をしてみたいのかもしれません。つまり、遊びなのです。

　世話をされる子がいやがっている様子がなければ、そのまま見守っていてよいでしょう。

　ただし、自分でできそうなこと、しようとしていること、保育者が自分の手で経験させたいと考えていることは、友だちが手を出す前に「そこはできると思うから、見てて応援してね」と言うなど、ともに見守るようにします。

ごっこ遊びができる
環境を用意する

- 人形を相手に、食べさせたり
  寝かしつけたりなど自分がし
  てもらったことを再現できる
  環境を用意する。
- 友だちも加わって遊ぶなか
  で、互いに対等なクラスの仲
  間として意識し合えるように
  する。

大人の手伝いを
頼む

- 3歳児にできる範囲で
  手伝いを頼む。
- 大人と同じようなこと
  がしてみたいという気
  持ちを満足させる。

3歳児にできる手伝い

- 食事のときに前に出て「いただきます」のあいさつをする
- テーブルをふく　● クラスで使うタオルをたたむ　● 花に水をやる
など

Q32

かかわり

特定の子としか遊ばない

家族ぐるみで交流があるという特定の友だちとしか遊びません。その子がいないときは、一人で所在なさげにしています。（3歳児クラス）

保育者と一緒に遊びながら、少しずつ友だちの幅を広げていきます。

　たまたま家族で仲よくしている友だちが、この子にとっては一緒に遊ぶとおもしろいとか楽しいということがあるのでしょう。今はその子に固執しているように見えているのでしょうが、気の合う友だちがいることはよいことなので、そこは大事にしてほしいと思います。

　その友だちがいなくて、所在なさげにしているときは、保育者が声をかけて遊びに誘ってみます。その友だちと遊んでいるときの様子を観察し、どんな遊びが好きなのか知っておくことで、興味をもてる遊びに誘うことができるでしょう。

好きな遊びを聞いて一緒に遊ぶ

● 「○○ちゃんと一緒にやっていた、あの遊びを教えて」「先生も一緒にやってみたいな」などと話して、一緒に遊ぶ。

ほかの子にも声をかける

● 保育者が声をかけて遊び、楽しい様子がみられたら、ほかの子にも声をかける。
● 特定の友だち以外と遊んでも楽しいということに気づくきっかけにする。

一緒におうちを作ろう!

Q33 けんかが多い

かかわり

赤ちゃんのころからの幼なじみだそうで、いつも一緒にいる2人。遠慮がないためか、けんかばかりしています。（3歳児クラス）

「けんかしても仲よし」でいる関係を見守り、大事にしていきます。

「けんかをしても仲よし」でいられるのは、乳幼児期ならではです。赤ちゃんのころから一緒なら、きょうだいのように育っているのかもしれませんね。

「けんかをするけど仲よしでいいね」と伝えながら、2人の関係を大事にしてほしいと思います。保育者はできるだけ距離をとり、2人の関係を見守りましょう。

見守るなかで片方だけがいやがるようなことが続く場合は、「Aちゃんが困っているよ」「Bちゃんが悲しそうだよ」などと、相手の状況を伝えていきます。

たくさんふれ合って互いのことがわかってくると、しだいに相手の気持ちがわかり、ゆずり合いのようなことも出てきます。こうした気持ちがみえてきたときにはあたたかく見守り、ときにはその成長をほめてください。

けんかは基本的に
止めずに見守る

- けんかは人と人とのかかわり方を学ぶ機会。基本的には見守る。
- 手助けが必要そうなときだけケアする。

年齢に応じて
ケアする

- 2〜3歳児では、本人の気持ち、相手の気持ちを保育者が言葉にする。
- 4〜5歳児では、本人たちで解決するのを待つが、こじれたときは、解決への道筋を示す。

episode

けんかしていた友だちは大人になった今も親友

　ある大学生が保育園の設立50周年式典のときに、園時代の思い出を壇上で話してくれました。「園でけんかばかりしていた友だちがいました。でも、先生が間に入ることはなく、いつも『(どう仲直りをしたらよいか) 自分で考えなさい』と言われていました。一生懸命考えた記憶があります。その後、時が経ち、その友だちは今でも大の親友です」

　けんかをしても互いの思いを伝えたり聞いたりすることで相手の気持ちに気づき、互いをよく知ることになります。あのとき、保育者がけんかをおさめようとしていたらどうなったのでしょう。

Q34

かかわり

わがままで友だちに敬遠される

ごっこ遊びでは特定の役をずっとやりたがる、気に入ったおもちゃをひとり占めするなど、わがままが目立ちます。友だちも一緒に遊びたがらなくなりました。（4歳児クラス）

どのように遊びたいのか本人に聞き、友だちとの橋渡しをします。

あらわれている行動だけで「わがままな子」ときめつけないようにします。

4歳児であれば、この子自身、まわりの子が自分から離れていっていることをなんとなくわかっていると思います。そして、どうしたら友だちと仲よく遊べるのかわからなくて困っているのかもしれません。

保育者は、どんなふうに遊びたいのか本人に聞いて、この子の思いを知る機会をつくりましょう。そのうえで、「〇〇ちゃんは、こういう遊びをしたいんだって」とまわりに伝え、保育者も一緒にその遊びに参加しながら、友だちとの関係がつくれるように働きかけていきます。

そのなかで、自分の思い通りにしようという姿が強く出たときは、「みんなはこんなふうに言っているよ」などと伝え、自分の言動によって友だちがどう思うのか、その結果どうなっているのかに気づけるよう導いていきましょう。

しばらくはそのまま
見守る

● 自分の言動が原因で友だちが離れてしまうことに、自分から気づけることも必要。

● 保育者はすぐに、子どもの間に入って手助けをしようとせず、しばらくはそのまま見守るようにする。

友だちと仲よく
遊ぶことに
こだわりすぎない

● 幼児は自己中心的な姿が自然。

● 一人で遊ぶ経験で気づけることもある。

小さなことでも
ほめて安心させる

● ほかの世界でがんばっていることがあれば、小さなことでもほめる。

● 認められた安心感が、自分の思い通りにならないことでも違った見方で受け止めたり、信頼できる先生の言うことに耳を傾けたりすることにつながる。

Q35

かかわり

友だちを
仕切ろうとする

「私が…するから○○ちゃんは…してね」など、いつも友だちを仕切ろうとします。おとなしい子は言いなりになっていますが、このままでよいのでしょうか。（4歳児クラス）

みんなで楽しむために
リーダーシップが発揮できるよう、
クラス活動を通して
育てていきましょう。

　リーダーシップのある子ですね。ただ、そのリーダーシップがみんなで楽しむことに発揮できるようになるには、大人の配慮や働きかけが必要な年齢です。

　クラス活動などで、みんなの意見を聞く、話し合って何かを決めるなどの活動のなかで役割を与え、この子のもつ力を育てていきましょう。

　また、いまはまだ言いなりになっている子も成長につれて、自分の意見を主張するようになってきます。そのときにこの子自身、気づけることもあるので、保育者が意図的に関係性を変えていこうとする必要はないと思います。

友だちの考えを
聞いてみることを
提案する

●一方的に指示している場面に遭遇したときは、「友だちの考えも聞いてみたらおもしろいと思うよ」などと声をかける。

クラスで、みんなの
いいところ探しをする

●毎日の集まりの時間などに、今日見つけた友だちのいいところを発表し合う機会をつくる。

●いいところを見つけられた子のことをほめながら、互いにそれぞれの個性を認め合える雰囲気をつくっていく。

子ども一人ひとりを
大事にする

●クラスのなかでその子がいつも口火を切り、まわりの子は黙っていようという雰囲気にならないように気をつける。

●子どもたちの様子を観察し、ほかの子が自己表現する機会や活躍する場面をなくさないようにする。

Q36

かかわり

友だちの言いなりに なってばかり

友だちの後にくっついて遊び、いつも言いなりです。 理不尽な要求にも素直に従っているのを見ると、こ のままでよいのか迷います。（4歳児クラス）

この子と友だちとの関係を 大切にしながら、 自己主張ができるように 育てていきます。

　保育者の価値観では、理不尽な要求に従う自己主張 ができない子に見えているのですね。不甲斐なさを感 じ、何とかしてあげたいと思っているのでしょう。で も、友だちの後にくっついて遊んでいるということは、 この子にとって何か魅力があるということです。

　この子と友だちとの関係がよいのであれば、それを 大人が勝手に壊すことはありません。何か困っていた り、がまんをしている様子があれば、「困ったことや いやなことがあったら、先生に言ってね」と伝え、子 どもが自分の思いを主張できる機会をつくります。

　また、普段からこの子の考えややりたいことなどを 聞くようにし、話を聞いてもらった、わかってもらえ たという経験を通して、自分の意見を口にするハード ルを下げていけるような働きかけをすることも大切で す。

リーダー役が入れ替わる遊びを取り入れる

● クラス活動のなかで、いろいろな子がリーダー役になれる遊びやゲームを取り入れる。

グループ活動ではメンバーをときどき入れ替える

● 特定の子だけがリーダーシップをとることのないように工夫する。

いろいろな子がリーダー役になれる遊び

「落ちた落ちた」

リーダーが言った言葉に合わせて、みんなが素早くポーズをとります。

「りんご」りんごをキャッチするポーズ
「かみなり」両手でおへそを隠す
「げんこつ」両手で頭を押さえる

（リーダー役）「落ーちた落ちた」
（みんな）「なーにが落ちた」
（リーダー役）「りんご（かみなり、げんこつ）」

みんながリーダー役の言葉に集中し、同じポーズをとります。保育者はあえて間違ったポーズをして笑いをとると盛り上がります。

「まねっこだあれ？」

リーダーの動きをみんなでまねをします。鬼役の子は、みんなの動きを見て、誰がリーダーかを当てます。当てられたら、リーダー役の子が次の鬼役になります。

Q37 かかわり

集団行動が できない

4歳児から入園した子。集団行動がとれません。その場に座り込んだり、友だちのじゃまをしたりします。（4歳児クラス）

集団に入ることを無理強いせず興味が出てきたら「一緒にやってみよう」と誘ってみます。

　集団生活の経験があまりなく振る舞い方がわからないとか、言葉があまり理解できないなど、この子にとっての困り感が、座りこんだり邪魔をするなどの行動にあらわれているのではないかと思います。

　集団に入るのをいやがるときは無理強いをせず、保育者がついて、少し離れたところからみんながどんな活動をしているかを見るだけにします。興味が出てきたら、「一緒にやってみようか」と誘ってみましょう。

　同時に、日常の生活のなかで、どんなことなら理解しているか、問題になるような行動はどんなときに多いかなど、様々な角度で子どもの姿を把握するように努めます。

　そのなかで、言葉の理解力などに課題がみられて集団行動がとれない場合は、園長とも情報を共有し、相談機関につなげることを検討していきましょう。

集団の一人としての役割を与えてみる

●運動会や生活発表会などの行事で、旗を持つ、幕をあけるなど、わかりやすく取り組みやすい役割を与えてみる。

4歳児に至るまでの姿を知る

●転入前の園に連絡をとり、これまでの成長の様子、担任の考えなどを情報収集する。
●保護者に園での様子を伝え、家庭での姿や考え方をたずねる。
●これまでの成長の経緯から今の姿をとらえ、その子なりの成長に寄り添う。

Q38 友だちをいじめる

かかわり

「青い服を着てる子は男の子だから一緒に遊ばない」
「○○ちゃんは背が低いからこっちに来ちゃダメ」 な
どといじわるを言い、仲間はずれにしようとします。
（４歳児クラス）

この子自身のストレスの元を探り、安心したりほっとできるようなかかわりを意識してみましょう。

　まずは保育者が、この子は友だちにいじわるをする
子、仲間はずれをしようとしている悪い子だと決めつ
けないようにします。

　子どもがいらだっている様子がみられる場合、家庭
で下の子が生まれた、親から過大な期待をされている、
必要以上に厳しくしつけられているなど、この子の生
活環境に何かストレスの要因があることがあります。

　行為をとがめるのではなく、抱きしめたり話しかけ
たりなど、子どもが安心したりほっとできるかかわり
方をすることで、変化していくかもしれません。

　同時に、言われたことで傷つく友だちの気持ちを保
育者が代弁していくことも必要です。そうした対応を
周囲の子どもたちも聞いて学んでいます。

過剰な反応をしない

- 「私も洋服に青があるけどいいですか?」などとさりげなく話に加わったり、「ここで○○して遊ぼうか」などとまわりの子に呼びかけ一緒に遊ぶなどしてみる。

家庭の様子を聞く

- ストレスの元が何なのかを探るために、家庭での様子を聞く。
- 保護者自身にストレスがあり、子どもにぶつけている場合もあるので、じっくり話を聞くようにする。

家庭での様子、保護者の思いを聞くスキル

| 波長を合わせる | 保護者の気持ちに寄り添い、トーンを合わせる |

| 待つ | 安心できる環境をつくり、保護者から話し出すのを待つ |

| 傾聴する | 自分の考えを伝えたり、説明をしたくなることを我慢して、まずは聞く |

| 共感的理解 | |

| フィードバックする | 保護者の話をくみ取って明確化する |

| 支持する | 保護者の思いを認める |

Q39

かかわり

人が集まると
興奮して乱暴に

入園式やクリスマス会など保護者も含めた大人数の環境が苦手な様子。興奮して隣の子を蹴ったり、椅子を引き倒したりします。（５歳児クラス）

不安が乱暴な行為として
あらわれているのかも。

　この子の特性から大人数の環境が苦手で、人が集まる場に行くことへの不安が乱暴な行為としてあらわれているのかもしれません。また、音に対する感覚が敏感だったり、人と肌が触れ合う感触が苦手だったりなどの理由で、人が集まる場所が苦痛なのかもしれません。

　いずれにしても、この子自身が苦しんでいることを忘れずに対応します。

　たとえば、これから行くところがどのような場所か、みんなで集まって何をするのかなどをあらかじめ説明し、この子の不安を軽減する配慮をします。

　また、「困ったことがあったら言ってね」「どうしてもいやになってら出て行こうね」などと、無理をして我慢する必要はないことも伝えましょう。

　不安が少なくなることで、落ち着いて行動できるかもしれません。

プラス

座る位置に配慮する

●部屋の入口に近いところに座る場所を設けるなどして出入りしやすくする。
●保育者が隣に座り、不安を少なくできるようにする。

興奮したときは一時的に別の場所に移動する

●興奮した様子がみられたときは、別の部屋に移動して気持ちを落ち着かせる。

事前に集まりのイメージをもつ

●行事の参加などの場合は、会場へ入ったり、実際の流れを体験させ、こころの準備をして慣れさせる。

その子の居場所をつくる

●その子が落ち着ける居場所をつくる。
●自分の居場所が確保できることで安心して、いつもの自分を見失わないでいられることもある。

子どもの社会性の発達

0～6歳ごろまでの子どもの社会性および言葉の発達と
対応のポイントをまとめます。

6か月未満

社会性の発達

- 人からあやされて笑う。
- ふだんよく接する大人の顔を覚える。
- 目線や表情、声などで自分の想いを伝えようとする。

→

保育者の対応

- 子どもの欲求をくみ取り、満たす。
- ある程度、決まった大人が対応する。

言葉の発達

- 人の声に対して敏感に反応する。

→

保育者の対応

- 少し高めの声でゆっくりと目を見て、くり返し同じ言葉をかける。

6か月～1歳3か月ごろ

社会性の発達

- 自分の名前がわかり手を上げる。

→

保育者の対応

- なるべく一定の保育者がかかわり、安心した関係をつくる。

言葉の発達

- 簡単な言葉の指示を理解する。

→

保育者の対応

- 子どもが出した声に反応し、自分の思いが伝わった喜びを感じられるようにする。

1歳3か月ごろ〜2歳

社会性の発達

- ひとり遊びを楽しんだり、友だちに興味を示し、かかわって遊ぼうとする。
- 自我が芽生え、自己主張がみられるが、自分の思いをうまく表現できない。

→

保育者の対応

- 遊びに興味や関心をもち模倣も多くなるので、十分楽しめるようにする。
- 子どもの気持ちを受けとめ、安心感を与えるようかかわる。

言葉の発達

- 大人の簡単な指示を理解し、応えようとする。
- 身近にあるものを「どこ?」と聞くと指さす。

→

保育者の対応

- 正しい言葉ではっきりと、やさしく話しかけるように心がける。

2歳ごろ

社会性の発達

- 自我の発達にともない、何でも自分でやりたがる。
- 感情が分化し複雑になるので、大人の顔色を見るなど不安定になる。

→

保育者の対応

- 自分でできることは自分でさせたり、やさしく手をかけるなど、自立に向けて意欲と達成感を味わえるようにする。
- 自分本意の行動が目立つが、忍耐強く対応するようにする。

言葉の発達

- 日常で話されるかなりの言葉を理解できる。
- 二語文を話せる。
- 記憶したり考えたりするためにも言葉を用いる。

→

保育者の対応

- たくさん話しかけて、物と言葉、行動と言葉などを結びつけて知らせていく。
- 話したい気持ちはあるが、言葉にならないこともあるので、ゆっくり聞く。

3歳ごろ

社会性の発達

社会性の発達	保育者の対応

- 特定の友だちができて、一緒に遊びたがる。
- 「貸して」「どうぞ」などのやりとりが可能になる。
- 一方的な主張で大人の言うことをきかなくなる。

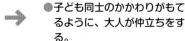

- 子ども同士のかかわりがもてるように、大人が仲立ちをする。
- 「ダメなことはダメ」と理由を伝え、感情をコントロールする力を育てる。

言葉の発達

言葉の発達	保育者の対応

- 過去や将来のことを話せるようになる。
- 抽象概念や動作の言葉、形容詞、数などを理解する。
- 「なぜ」という質問をさかんにする。

- 質問にはできるだけていねいに答える。
- 理由などを聞くときに、考えて答えられるような聞き方をする。

4歳ごろ

社会性の発達

社会性の発達	保育者の対応

- 勝負や競争をしたい、勝ちたいという気持ちが強くなる。
- 友だちとのかかわりが増えるとともに、トラブルも多くなる。反面、「〜したいけど〜する」という自制心も芽ばえる。
- 人から見られる自分に気づく。

- 自分の気持ちを言葉で伝えたり、相手の気持ちに気づけるよう手助けをする。

言葉の発達

言葉の発達	保育者の対応

- 友だち同士の会話が弾む。
- イメージの世界をふくらませる。

- 絵本などをたくさん読み聞かせる。
- 接続詞を使って話す。
- 自分の経験や考えを話す機会をつくり、言葉で伝わる楽しさを知らせる。

5歳ごろ

社会性の発達

- ●見通しと目的をもった活動を友だちと おこなう。
- ●きまりを守ろうとする。
- ●大人の行動に批判的な目を向ける。

→

保育者の対応

- ●協働的な遊びの機会をつくる。
- ●子どもの手本になるような行動を心がける。

言葉の発達

- ●相手の話を聞き、自分の気持ちを相手にわかるように伝える。
- ●理由を説明されると納得する。

→

保育者の対応

- ●子ども同士で話し合いをして何かを決める経験をさせる。
- ●何かを指示するときは理由をきちんと説明する。

6歳ごろ

社会性の発達

- ●大人より子ども同士で遊ぶことが楽しくなる。
- ●集団遊びが盛んになり、ルールを自分たちで決めたりする。
- ●係活動などの役割を理解し、やろうとする。

→

保育者の対応

- ●子どもの世界を広げる手助けをする。
- ●役割をもたせる。
- ●みんなで話し合ったりする機会をつくる。

言葉の発達

- ●複数の主語を使って筋道を立てて話ができる。
- ●自分で話をつくったり、物語を演じることを楽しむようになる。

→

保育者の対応

- ●場面に合わせた言葉づかいを教える。
- ●物語をイメージして演じる機会をつくり、楽しめるようにする。

著者・監修者紹介

チャイルド社

教育・保育に関する商品・サービスを企画・販売・提供。近年では食育・建築・コンサルタント事業・職員の紹介業・就学前幼児教室「こぐまチャイルド会」などの事業展開、保育園（パピーナ保育園他）の運営も行っている。

渡邊暢子（わたなべのぶこ）

保育園退職後は多くの活動を経て、NPO法人保育パラ・ピアカウンセラー協会理事などを務める。雑誌『エデュカーレ』（臨床育児・保育研究会）および『母と子の健康』（東京保健会）編集委員。

STAFF

8566

保育者応援BOOKS

子ども理解Q&A

2019年10月　初版第1刷発行

企画監修●柴田豊幸
編著●チャイルド社
監修●渡邊暢子
執筆●米谷亮介（パピーナ保育園）・谷口康子
装丁・デザイン●長谷川由美・千葉匠子
イラスト●中小路ムツヨ
編集●こんぺいとぷらねっと

発行者●柴田豊幸
発行所●株式会社チャイルド社
　　　　〒167-0052　東京都杉並区南荻窪4-39-11
　　　　TEL　03-3333-5105
　　　　http://www.child.co.jp/